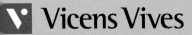

Vicens Vives

**Educación Primaria
Primer Ciclo**

El chinito y el dragón

Cuentos de apoyo a la lectura y escritura

Carmen Rodríguez Jordana
Ana Fernández Buñuel

En tiempos remotos,
cuando las serpientes hablaban
y los dragones volaban...

en un pueblo lejano de China,
vivía Chinichán.

Un día Chinichán jugaba
con su pelota y chutando,
chutando encontró un huevo.

Chinichán cogió una piedra,

chafó un poco la cáscara,

y del huevo salió un dragón chiquitín.

El dragoncito comía mucho,
y Chinichán le daba
chocolate para merendar.

El dragón creció muy rápido y le salieron ocho alas doradas.

Una noche Chinichán tuvo una idea.

Cogió papel, un pincel y escribió:

"Viaje por toda la China.
El dragón de Chinichán le
llevará a todos los lugares"

Chinichán se puso una chaqueta con
capucha, se fue a la plaza del pueblo...

"Viaje por toda la China. El dragón Chinichán le llevará a todos los lugares"

y enganchó los carteles en los chaflanes.

Al día siguiente muchas personas
de la aldea querían viajar
con el dragón de Chinichán.

Chinichán se hizo famoso.
¡Era tan divertido ir de un sitio
a otro a lomos del dragón!

Pero el viaje preferido del dragón era llevar a los chicos de la escuela de colonias.

Lo pasaba muy bien
cantando y jugando
con los chicos y chicas del colegio.

 Recordamos el cuento:

Chinichán tiene un dragón volador con ocho alas. Por eso decide dedicarse a organizar viajes para los demás.

Ordena las secuencias del cuento:

Escribe la letra (ch) minúscula:

ch ch

ch ch

ch ch

18

 Sigue los puntos y verás lo bien que ha quedado el dragón en la fotografía:

19

Descifra este mensaje y escríbelo a continuación:

SOY EL CHINO CHINICHÁN
Y TENGO UN DRAGÓN
VOLADOR

Averigua las piezas que faltan en este rompecabezas y dibújalas:

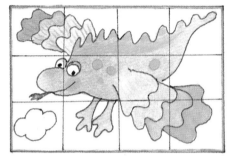

Escribe el nombre de los dibujos en las casillas correspondientes:

1	ch	o	z	a

Resumen del cuento:

- Repasar el argumento de la lectura.

Comprensión del cuento:

- Ordenar secuencias de la lectura.

Entretenimiento gráfico:

- Repasar un dibujo punteado.

Percepción visual:

- Completar un rompecabezas.

Lectura y escritura:

- Escribir la letra (ch).

- Descifrar un mensaje.

- Escribir el nombre de unos dibujos.

Ilustrado por: R. Cullà

Mª C. Rodríguez Jordana: Texto y actividades

A. Fernández Buñuel: Actividades

Este libro está impreso en papel ecológico reciclable y con tintas exentas de elementos pesados solubles contaminantes (*Plomo, Antimonio, Arsénico, Bario, Cadmio, Cromo, Mercurio y Selenio*), que cumplen con la Directiva Europea 88/378/UE, según la norma revisada EN/71.

Diseño de la cubierta: Quod

Primera edición
Quinta reimpresión, 2002

Materiales curriculares para el primer ciclo de la Educación Primaria del área de Lengua Catellana y Literatura, elaborados según el proyecto editorial supervisado por el Ministerio de Educación y Ciencia con fecha 13 de junio de 1992 (B.O.E. 30-6-1992).

Depósito Legal: B. 23.289-2002
ISBN: 84-316-3012-4
Nº de Orden V.V.: P-168

IMPRESO EN ESPAÑA
PRINTED IN SPAIN

Editorial VICENS VIVES. Avda. de Sarriá, 130. E-08017 Barcelona.
Impreso por Gráficas INSTAR, S.A.